CAMILLE LEMONNIER

G. COURBET

ET

SON ŒUVRE

GUSTAVE COURBET A LA TOUR DE PEILZ

(Lettre du Dr Paul COLLIN)

AVEC

UN PORTRAIT ET CINQ EAUX-FORTES

par

P. COLLIN, CH. COURTRY, M. DESBOUTIN, TRIMOLET ET WALTNER

PARIS

ALPHONSE LEMERRE, ÉDITEUR

PASSAGE CHOISEUL, 27-29

M DCCC LXVIII

G. COURBET

ET

SON ŒUVRE

OUVRAGES DU MÊME AUTEUR

Salon de Paris. 1870. Paris, V* Morel.

Sedan. 1871. Bruxelles. Muquardt.

Contes flamands et wallons. 1874. Paris, librairie de la Société des gens de lettres.

Histoires de gras et de maigres. 1874. Paris, librairie de la Société des gens de lettres.

Derrière le rideau. 1876. Paris. Casimir Pont.

EN PRÉPARATION

ALFRED STEVENS ET SON ŒUVRE

avec

UN GRAND NOMBRE D'EAUX-FORTES ET DE DESSINS

EAUX-FORTES

IMPRIMÉ

par

FÉLIX CALLEWAERT PÈRE

pour

ALPHONSE LEMERRE, ÉDITEUR

PARIS

CAMILLE LEMONNIER

G. COURBET

ET

SON ŒUVRE

GUSTAVE COURBET A LA TOUR DE PEILZ

(Lettre du Dr Paul COLLIN)

AVEC

UN PORTRAIT ET CINQ EAUX-FORTES

par

P. COLLIN, CH. COURTRY, M. DESBOUTIN, TRIMOLET ET WALTNER

PARIS

ALPHONSE LEMERRE, ÉDITEUR

PASSAGE CHOISEUL, 27-29

M DCCC LXVIII

I

Celui qui écrit ces lignes n'a jamais connu Courbet
personnellement : il est donc à l'aise pour parler de
l'artiste, sans craindre d'être troublé par l'homme.

Ce qui a rendu la figure de Courbet si difficile à
analyser, c'est en effet sa complexité. Elle est dans la
pleine lumière par ses côtés d'art, et, du moins par là,
elle se détache avec netteté sur l'ensemble des recherches artistiques de cette époque ; mais elle a des côtés
humains, et par là elle touche à des problèmes difficiles.
Nulle n'a affronté plus audacieusement l'opinion publique ; elle s'est étalée aux curiosités de la rue, avec
des complaisances d'athlète déployant l'ampleur de
son torse ; elle a ameuté autour d'elle un pullulement

de passions et de colères ; elle a remué toute une lie
de trivialités, et les gens à vue courte ont pu se dire
un instant que ce passant avait monté son tréteau sur
la place publique pour des passants comme lui. Puis,
tout à coup, cet étrange artiste qui commence par être
un aventurier, au milieu de tapages douteux, prend
rang à côté des maîtres et il a la gloire de lever le
rideau sur un monde de sensations nouvelles.

Je veux laisser de côté tout ce qui n'est pas la face
lumineuse de Courbet. Le brouhaha des passions va
décroître autour de cette tombe ; demain on verra plus
clair dans ce qui a été la conscience de l'homme.

J'écris simplement ces notes pour aider à formuler
un idéal d'art qui a réagi sur notre temps. Je ne
m'occupe de l'homme que quand il m'est nécessaire
pour expliquer l'artiste. Tout le monde a connu ses
faiblesses ; tout le monde n'a pas suffisamment connu
ce qui faisait sa force véritable ; et il m'a semblé que
c'était faire œuvre juste de ne prendre dans ce mort
que ce qui doit lui survivre. S'il a enfreint les lois
humaines, il a du reste expié sa faute largement, puis-
qu'en mourant il était deux fois exilé. Un jour la douleur d'avoir laissé ses os se consumer à l'étranger,
s'ajoutera pour la France à d'autres douleurs. Quoiqu'il
en soit, Courbet est entré dans l'histoire ; c'est au
temps à débarrasser sa mémoire des taches qui ont pu
obscurcir sa vie.

Courbet apparaît à l'heure trouble où, les genèses étant encore latentes, on touchait à la fois à l'avenir par les aspirations et au passé par l'imitation. Des cerveaux bouillonnaient, isolément, à travers des ardeurs de recherche ; une fermentation sourde signalait le travail des gestations, et quelque chose se préparait qui était l'idéal nouveau.

En art, comme en philosophie, comme en politique, il se fait des agglomérations d'idées reçues qui déterminent, à un moment donné, des atmosphères où l'esprit étouffe. Tout le monde vivant dans le même air, une torpeur s'empare des intelligences et la société est pareille alors à une grande foule accumulée sous un plafond trop bas.

L'engourdissement ne cesse que lorsque quelqu'un a eu la pensée de briser un carreau.

Delacroix était le dernier grand peintre ; il avait révolutionné l'art à coups de foudre, il avait substitué au langage froid du rhéteur, une âpre éloquence shakespearienne, il avait anéanti sous une grandeur d'épopée le trépignement glacé des tragédies classiques.

Il avait surtout introduit un frisson nouveau dans l'art.

Mais Delacroix procédait en art à la manière des émeutiers : ses tableaux étaient des barricades et il s'y battait en lion. Il était l'homme d'un temps qui entrait déjà dans le passé. Il avait l'âme d'un lutteur. Il fallait à sa soif d'héroïsme des fureurs, des fièvres, des écroulements, des apothéoses. Il vivait dans quelque chose de surhumain qui n'était le monde de personne ; il habitait une tour entre ciel et terre où il parlait au tonnerre, et il mêlait à ce qu'il faisait de l'ange et du démon.

Une partie de sa domination artistique lui vient de ses audaces de révolté. C'est chez lui comme un effort permanent pour rompre des chaines, briser des servitudes, étaler une indépendance sauvage. Il tient d'Encelade et de Prométhée : il escalade des cimes, plane par dessus les réalités, semble dédaigner les choses de ce monde.

Il pétrit une humanité à sa manière ; il se crée un peuple de vivants extraordinaires. Il ne peint que sa vision et cette vision est faite d'une sorte d'humanité élargie, où l'archange supplée à l'homme.

Quand il touche au paysage, c'est à la condition de lui donner ce côté de grandeur farouche qu'il a en lui ; il refait la nature comme il refait l'homme, ne les trouvant pas à sa taille, et toujours il reflète dans ses œuvres, son rêve d'action héroïque. Une animalité énorme emplit ses solitudes ; il recommence la genèse, il semble vouloir remonter au chaos, et ses lions promènent leurs pas géants dans des fournaises, parmi les ichthyosaures et les pythons.

Il a le sens de l'effrayant ; il rend le surhumain perceptible ; il est parmi les gouffres du jour et de la nuit comme dans son élément naturel. Celui-là est bien le frère des génies épiques ; il a adapté sa forme et sa couleur à une certaine conformation dantesque de son cerveau ; il se repait des cruautés froides du drame, avec une jouissance prodigieuse.

Isolé sur un roc, bien au dessus des clameurs de l'univers, il a l'égoïsme des dieux. Ne lui demandez pas de descendre jusqu'aux régions des hommes : il n'a plongé dans l'énorme fleuve humain que pour y prendre le sujet et le prétexte d'une spiritualité plus haute que la vie.

Il n'a ni aimé, ni haï, ni peint ce qui pour les hommes est digne d'amour et de pitié. La joie et l'infortune sont demeurées sans prises sur son esprit altier ; il n'y a dans son œuvre ni une figure d'homme, ni un bout de lande, ni un coin de maison, sur lesquels sa tendresse se soit posée un instant. Aucune douceur ne tempère l'âpreté de cette âme de bronze, et il se tient volontairement en dehors de l'idylle, comme en dehors d'un lieu maudit où l'homme perd ses énergies.

Il est l'homme de la force, de la rudesse, de la puissance ; il est le tragique.

C'est le Cid de la peinture. Sa Chimène est la douleur.

Mais cette douleur est faite de la douleur des autres; il ne raconte pas son âme; il vit dans une sorte d'impersonnalité grandiose. Il dédaigne la sensibilité des larmes; il comprime dans ses mains le masque tragique et il en fait sortir de la lave ardente.

Il hante les rois, les dieux, les êtres supérieurs; il lui faut de la pourpre, du sang, des trônes, des golgothas.

Il fait son œuvre à coups de cervelle.

Ce Parisien doublé de Maure ferme le cycle des grands peintres mythologiques. Trempé dans leur idéalité bizarre, il appartient au passé par une sourde survivance héréditaire. Il est sceptique et il peint les calvaires; il n'a qu'une foi, celle de l'art, et il allume des bûchers; peu lui importe que l'humanité périsse s'il triomphe sur son cadavre, et ainsi cette belle gloire illuminée de génie n'a pas connu la rédemption suprême de l'art, qui est dans sa solidarité avec l'évolution sociale.

Delacroix est à notre horizon comme un météore allumé au feu des soleils disparus; il continue à les refléter; il a presque leur grandeur; il roule dans le sillon délaissé par eux, éclairé toutefois du côté de l'Orient d'une large lueur qui attend son tour de passer météore au firmament.

Disons-le bien haut, en effet, l'auteur de la *Barque*

du Dante, du *Hamlet,* de l'*Othello,* de l'*Ophélie,* du
Méphistophélès, des *Convulsionnaires,* de la *Barri-
cade,* a une fibre nerveuse qui est bien de son temps.
Il a reforgé l'épisme ancien sur l'enclume moderne ; il
a ajouté Shakespeare à Eschyle et Byron à Shakespeare.

Il était bon de préciser cette grande époque de l'art
français, avant d'aborder celle où les dieux deviennent
des hommes.

Eugène Delacroix est une date dans l'histoire
de l'art. Il caractérise l'évolution romantique en
peinture, comme Victor Hugo caractérise le roman-
tisme littéraire. Tous deux ont eu des affinités consi-
dérables ; leurs cerveaux étaient jumeaux, avec une
même pente vers l'énorme et le surnaturel ; ils ont fait
un même art grandiose, sensiblement au-dessus de la
portée des esprits. Tandis que le siècle s'écartait sans
retour des visions obscures du passé, renfonçant au
profond des temps les mythologies, ils ont continué
d'escalader les cimes où trônent les Jehovah et les
Jupiter ; ils ont vécu dans la nuée, dans le songe, dans
les apothéoses, et tous deux ont été des inhumains
sublimes.

C'est en ce temps qu'un jeune homme est pris de

longues songeries devant les Flamands et les Hollandais du Louvre. Cet art sensuel, si amoureux de la vie, s'imprime avec volupté sur la rétine de ses larges yeux ronds, très-doux, et il ne l'abandonne que pour absorber l'héroïsme nerveux de la peinture espagnole.

Ce sont là ses contemplations.

La belle élégance des Italiens le laisse tranquille ; il a le dédain de tout ce qui n'est pas la proportion exacte et l'accent nature.

Quand il passe devant le *Massacre de Scio*, il hausse les épaules, un peu étourdi, ne comprenant pas.

Ce jeune homme est Gustave Courbet.

Il arrive de ses champs, en sabots, avec une obstination de paysan qui n'a peur de rien. Il a fait un peu de droit et il s'en est dégoûté ; le voilà lâché dans l'art, bruyant, glouton de renommée, bouffi d'une grosse vanité sereine ; son sang franc-comtois coule largement dans ses veines et fait déborder ses énergies. Il entre dans la vie, doué d'une santé puissante, d'appétits énormes, d'une confiance illimitée dans l'avenir, la tête fortement plantée sur les épaules, regardant avec une tranquillité de lutteur la carrière s'ouvrir devant lui.

Tout son art est dans cette prise de possession calme de Paris. C'est un grand garçon nourri au grand air, vigoureux, souple, et qui a dans l'œil la large paix des bœufs.

Personne ne devine encore que ce paysan à tête de roi assyrien sera plus tard une des forces du temps, étant lui-même une force de la nature. Il fait de belles esquisses, il s'applique à son apprentissage, il dessine, mais tout cela se fond dans l'obscurité des commencements, et tout à coup cette obscurité crève, avec un fracas de parade.

P COLLIN

II

Rien d'extraordinaire dans le peu de sympathie de
Courbet pour Delacroix. Sa nature provinciale, faite
de clarté, de bonhomie, de grosses sensations ne pouvait comprendre le dilettantisme byronien du peintre
du *Don Juan*.

Celui-ci était un grand esprit littéraire, profondé-
ment cultivé, cherchant au dedans de lui-même, dans
sa riche imagination, nourrie d'incessantes lectures,
non-seulement ses sujets, mais leur plastique et leur
mode d'expression. Courbet, au contraire, était un
homme d'instinct, sans culture, mais merveilleuse-
ment apte à communiquer avec la nature. Il ouvre sur

le monde tangible de grands yeux extasiés, qui absorbent les contours et boivent la lumière.

Alors que Delacroix regarde devant lui avec ce sixième sens, qui chez lui semble concentrer les cinq autres, Courbet parait avoir été mis au monde pour prouver qu'un peintre vraiment humain n'a besoin que de ces derniers, pour saisir l'universalité des choses.

La contemplation intérieure est remplacée chez lui par la compréhension immédiate de ce qu'il a sous les yeux. Il n'a pas la seconde vue des visionnaires ; il n'habite pas les mondes surnaturels ; il n'entend rien au spiritualisme. C'est un tempérament tout d'une pièce, qui est impressionné par les objets et les exprime comme il les sent, sans être distrait par des visées étrangères à son métier de peintre.

On comprend dès lors ce dédain de tout ce qui n'était pas la terre qu'il avait sous les pieds.

Courbet était absolument fermé au sens d'une beauté immatérielle, en dehors des conditions formelles de la vie. Il n'était tourmenté ni par le désir de rendre les choses plus belles qu'elles ne le sont, ni par le désir de les rendre meilleures. Il trouvait au contraire que tout était bien dans la création et sa philosophie n'allait pas au delà de sa recherche d'être sincère et vrai.

La vérité des penseurs, de ceux qui contemplent la nature avec les yeux de l'âme, était pour cet homme de l'instinct non avenue. Il ne croyait pas à la chimère, il ne pensait pas que l'on pût peindre son rêve, il n'était pas touché de l'effort de certains hommes pour réaliser un idéal de tendresse et de bonté. Son spiritualisme à lui était dans ses yeux et dans ses doigts ; il ne prêtait aux choses ni sa passion ni sa douleur ; il trouvait l'horizon suffisamment grand et ne l'agrandissait pas, et alors se produisit au milieu de l'effervescence romantique, ce spectacle nouveau : la nature de tout le monde et que tout le monde comprenait, peinte par un grand peintre bête qui ne faisait pas d'esprit.

III

Delacroix s'était débattu au milieu du mensonge et
de la mauvaise foi. Une mesquinerie de petits esprits
était l'atmosphère où vivait ce grand lutteur.

Autour de lui, l'art étalait une convention de théâtre.
On avait imaginé un certain nombre de sentiments
nobles que patronnait l'académie et qui constituaient le
fond des recherches artistiques. L'homme avait été
supprimé comme entaché de grossièreté; les fatalités
du moyen-âge s'étaient réveillées pour le murer dans
le néant; il semblait que la Révolution n'avait jamais
existé et que le coq gaulois n'avait pas sonné la diane
de l'humanité. Dans la coulisse, des portants soute-
naient un vieux petit paysage en ruines, toujours le

même, qui était le digne pendant de cette friperie. Michallon, Aligny, Lapito, Rémond, Demarne mettaient des marabouts à la nature comme à une vieille douairière.

Tandis que Delacroix bâtissait ses drames avec la fièvre de son sang, ceux qui étaient alors ses rivaux, ne parvenaient pas à mettre sur pied des ombres et leurs épopées étaient des châteaux de cartes, bâtis sur du sable.

Puis il y eut une réaction. Les metteurs en scène firent leur art avec les miettes de la table de Dumas. On peignit l'événement, le fait historique, la légende. Delaroche succéda à Delacroix. Les portes battaient dans cet art remuant qui prenait le mouvement pour l'action ; ce fut l'époque du mélodrame et du mimodrame. Les héros s'agitaient dans un tourbillonnement de macabres singeant la vie. On mit à sac le vestiaire de l'histoire, on pilla la défroque pendue aux patères, et l'art fut plein de panaches, de pourpoints, de colichemardes qui avaient la drôlerie d'un carnaval.

Ces costumiers reniaient l'homme : ils avaient inventé pour leurs grands opéras une sorte d'humanité en baudruche, à laquelle ils mettaient des masques.

Cela avait fini par former au dessus de la vie du temps une atmosphère d'idées factices, faite de conventions et de songes creux ; la musique s'était mise de la partie, avait accroché une manivelle à cet art des peintres, qui, colporté par les barytons, les orgues de barbarie et les pianos, tournait les têtes ; et sur les cheminées, des troubadours en zinc égratignaient des guitares, achevant de pervertir les bourgeois.

Une transformation énorme s'était faite, il est vrai, du côté du paysage. Paul Huet, Flers, Dupré, Corot, Rousseau avaient raconté la terre, avec des émotions lyriques. Mais ce haut vol d'esprits s'était posé sur la nature sans toucher à l'homme et celui-ci continuait à jouer au personnage, dans une peinture qui semblait faite pour les gens de lettres.

Tout à coup Courbet mit son sabot dans la vitre. Il peignit des manants, des bourgeois, une humanité réelle ; il la peignit sans visées littéraires, en homme qui ne se préoccupe que d'être sincère, et tout doucement le vent se mit à souffler des horizons, balayant l'atmosphère engourdissante où l'on moisissait.

Courbet eut ainsi son heure providentielle.

Il fut un des rares peintres utiles.

Il arriva comme arrivent les remueurs d'idées, brutalement, avec une ardeur farouche de prosélytisme. La nature, en le faisant grand et fort, sur un patron d'homme des champs, l'avait prédisposé à l'apostolat ; un peu de puissance physique aide toujours à la propagande des choses de l'esprit.

On raconte qu'il marchait, escorté par une caravane de fidèles, à l'époque de ses premiers succès ; des reflets l'accompagnaient, augmentant son rayonnement d'astre naissant ; et, par moments, des éclairs prophétiques s'allumaient dans ses prunelles noyées, semblables à la prunelle des Christs gothiques.

Il exerçait une séduction sur les esprits.

Sylvestre, dans les *Artistes français*, fait entrevoir un rudiment de religion se formant autour de lui, avec des agapes, des réunions et des parties de billard. Gustave Planche mettait sa main dans cette poigne qui secouait les colonnes de'son temple. Il y avait un silence ému lorsque Courbet parlait, et sa belle tête bistrée prenait, au dessus des tables, des airs de buste en bronze.

Le grand-prêtre savourait l'enthousiasme qui l'entourait, comme un hommage naturel. Il y a toujours eu dans Courbet, à côté de sa finasserie de paysan, une bêtise involontaire qui le faisait la dupe de ce qui flattait sa vanité. Il crut à sa divinité et proclama l'Evangile nouveau.

Courbet avait l'entêtement de ses idées. Il professait une admiration sans bornes pour lui-même. C'était un cerveau absolu, pensant en bloc, nullement fait pour la controverse ; il imposait ses convictions, niait celles des autres, étouffait la discussion sous ses allures carrées, massives. Il avait l'aplomb bourru des réformateurs, une façon tranchante de jeter son art à la tête des gens, qui coupait court à tout, et de plus, une belle ignorance qui lui permettait d'être suffisant. Il remplaçait, en causant, les arguments par des sarcasmes, noyait ses ennemis dans son ironie, faisait de grands massacres d'innocents, avec une méchanceté bonhomme.

Il manquait de fanatisme, pourtant ; sa complexion épaisse ne se serait pas accommodée de l'opiniâtreté de la prédication.

Courbet fut pour l'art une sorte de médecin, qui apportait la santé avec lui. Il le mit au vert, le plongea dans des bains de sang, fouetta de verges sa torpeur.

Il ouvrit une échappée sur la nature.

Il faisait son art en paysan, avec une belle entente de la terre. Il se moquait de l'élégance, de la dignité, de la gravité ; une odeur de terreau montait de ses personnages, indiquant la forte adhésion de leur semelle au sol. Ce plébéien cracha sur les Olympes.

Il avait toutes les petites audaces : il eût peint Junon en vachère et Jupiter en chie-en-lit. Il n'a pas eu les audaces imposantes du génie. Il était batailleur plutôt que lutteur. Il y avait dans son art quelque chose du fait de casser les réverbères. Il gaminait.

Mais Courbet créa une sensation : celle de la vie dans sa matérialité. Il donnait le goût d'une certaine existence cossue, passée à se dilater dans l'épanouissement des choses.

On vivait grassement dans ses œuvres.

IV

Chose étonnante, Courbet ne tâtonne pas; il n'est pas sollicité par des mirages, il n'a pas à lutter contre des incompatibilités. Du coup, il trouve sa route, et il y marche, avec l'entêtement d'un homme qui est sûr d'avoir son horizon devant lui. Il y a peu d'exemples d'une pareille netteté dans les débuts.

Par un coup de génie, il se conforme à son tempérament, il se fait l'artiste de l'espèce d'humanité qu'il a reçue en naissant, il devient le peintre de son corps, et cette faculté allant toujours s'élargissant, il se prépare à ce don merveilleux d'exprimer la matérialité qui est sa marque distinctive.

Courbet fut le casseur de pierres de son art; comme

ceux qu'il a peints, il a fait une grosse besogne au soleil, avec un abrutissement sublime.

Son cerveau avait des facultés de ruminant; il s'assimilait les choses à travers une demi-somnolence, et méthodiquement, par une opération de l'instinct, les impressions y descendaient, s'y classaient, prenaient une sérénité que n'altérait aucun trouble.

Ce cerveau de Courbet est une des choses qu'il faut étudier pour bien comprendre sa peinture. Il est fortement constitué, sensible, ouvert à l'intuition, dans un front de bon garçon, rond, bien modelé et vulgaire. On devine sous le crâne une intelligence courte, mais d'aplomb, synthétique plutôt qu'analytique, intelligence paysanne et bourgeoise, sans hautes envolées, faite pour les applications positives. C'est un mécanisme correct, qui ne se détraquera pas dans des recherches d'idéal, ne sera pas sujet aux grandes secousses de l'invention, et même s'accommodera d'un peu de routine.

Il y a place dans ce cerveau pour de petites choses, à côté d'autres plus grandes, et l'on comprend que des malices de commis-voyageur s'y soient rencontrées avec des sensations de pur artiste Il manque de grandeur, il est obtus, il a de la ténacité plus que de la volonté; il ne possède ni l'ampleur du cerveau de Rousseau, ni la nervosité du cerveau de Delacroix, ni la sérénité du cerveau de Corot.

Aussi la puissance de Courbet n'était-elle pas renfermée dans son front exclusivement ; elle était répandue dans son organisme tout entier, dans son œil étalé, dans la pondération de ses membres, dans la santé de sa chair, dans ses mains élégantes et sensibles, dans ce bel ensemble animal d'une vie riche, heureuse, épanouie.

La peinture de Courbet est de la peinture d'homme bien portant.

V

Courbet se crut très-sincèrement un novateur. Parce
qu'il voyait juste et qu'il avait l'œil sensible, il s'ima-
gina avoir renouvelé la physionomie de l'art. Il y a
une profession de foi, écrite par lui en 1855, dans
laquelle il déclare qu'il a longtemps étudié les maîtres,
afin de savoir et de pouvoir ; et il termine en disant
qu'il se voue à la peinture de son temps.

J'examinerai tout à l'heure cette prétention.

En réalité, Courbet prenait des airs de Christ, prê-
chant une religion nouvelle. Il faisait entendre que les
temps étaient venus où les yeux allaient s'ouvrir à la
vraie lumière. Champfleury, esprit gaulois, plein de
sagesse et de moquerie, trouvait un nom pour sa doctrine, et le peintre s'en faisait une cocarde.

Le Réalisme devint à la fois un signe de ralliement et de défi. C'était comme une sonnerie de trompettes, fanfarant aux oreilles des timides avec un fracas belliqueux ; au contraire, il avait pour les autres la sonorité et la précision d'un mot d'ordre, et Courbet était le grand chef qui dirigeait l'attaque et la défense.

Les querelles de l'esprit ont besoin d'un drapeau, comme les batailles corps à corps ont besoin d'un panache : il est bon de savoir où l'on marche et derrière qui l'on marche.

———

Le mot *Réalisme* avait donc sa raison d'être. Il était brutal, avec un coup sec qui détachait nettement sa portée sur le fond trouble des idées du temps. Qui dit réalisme a la perception d'une sensation juste, d'une vision arrêtée, d'un parti-pris de ne pas s'abandonner à la fantaisie, et nul n'a poussé ces qualités plus loin que Courbet. Il est bien réaliste, dans l'acception du terme.

Mais l'idée de réalisme s'applique surtout à l'exécution ; elle implique la volonté de se conformer à la réalité des choses, de serrer de près le monde tangible et visible, de ne dédaigner sous aucun prétexte le contour et la couleur réels, de ne chercher à les modifier par aucun subterfuge, aucune invention, aucun esprit de convention. Malheureusement, on a voulu l'appliquer au mode de conception du tableau ; on a essayé d'en faire la formule d'une philosophie, et alors ce mot si bien proportionné aux conditions matérielles de l'art, s'est trouvé sans signification. Je me trompe : au point de vue philosophique, il caractérise très-bien encore cet art qui n'avait pas de philosophie, mais uniquement le sens de la vérité.

Courbet était un instinct plus encore qu'un cerveau.

Il devait à son bon sens rude, introublé, marchant droit devant lui, d'avoir trouvé, dans la forêt de l'art, un chemin qu'un autre, plus raffiné et peut-être plus artiste, n'aurait pu trouver sans d'innombrables luttes. Un attendrissement le prend devant les Flamands et les Espagnols, et aussitôt il est éclairé.

« C'est là ton art, lui crie son sang ; et généralisant cette observation, il la transforme en ceci : c'est là tout l'art.

Il emporte l'émanation chaude de ces naturistes incomparables, il s'essaie à trueller leurs pâtes, à modeler leurs grasses coulées, à triturer cette appétissante cuisine de maitres-peintres, et tout naturellement sa main reconstitue leurs fortes pratiques.

Il n'a donc pas inventé, il n'est pas novateur; il n'a fait que suivre une tradition toute faite, que ses prédécesseurs avaient labourée à coups de génie.

Son importance comme artiste n'en est pas diminuée, car c'est quelque chose que d'aider la vérité à se formuler, et Courbet a déblayé les ruines sous lesquelles elle gisait. Il a repris pour son compte le beau métier de la peinture, il a remis en honneur la clarté et la simplicité, il a dessillé les yeux fermés à la lumière, et ce programme du réalisme, auquel les maitres avant lui s'étaient conformés, il l'a fait servir au large épanouissement de ses œuvres.

Il a annoncé la bonne parole aux hommes, et sous ce rapport, il a été un apôtre convaincu. S'il a eu un tort, ça a été de croire qu'il avait concentré toute la vérité de l'art en lui; il n'a réalisé, en effet, qu'une partie de la vérité, et non pas la plus haute. Une épaisse croûte de limon mure la vie spirituelle chez ses créatures; il les étouffe sous une montagne de chair, les endort dans un engourdissement de bien-être, et cette matière épaisse ronfle, digère, sans être troublée par la pensée d'une rédemption.

Il est par excellence le peintre d'une création saine jusqu'à l'outrance, et qui se dissout dans le gras-fondu de sa santé même. Ses recherches de grosse animalité satisfont ses appétits de cuisine et de femme, et il peint par tempérament la plantureuse redondance des matrones enflées jusqu'à crever, les grasses chairs moites des filles d'amour, le dépoitraillement étalé des femmes au bain.

Sans doute, tout cela est de la vérité, mais une vérité un peu courte, qui n'a rien à faire avec un temps plus spécialement qu'avec un autre.

Elle n'en paraissait pas moins très-extraordinaire alors, et le public regardait ces orgies de débraillé avec stupeur, sans oser s'avouer qu'après tout il avait peut-être dans son lit autant de gorges et de mentons que ceux qui fleurissaient dans les ouvrages du peintre.

186
G. Courbet p^t
CH. COURTRY sc

VI

Courbet, il faut bien le dire, obéissait à un besoin
de frapper fort qui était dans sa nature. Il y avait en
lui du casse-cou, à un haut degré. Il aimait les clameurs de la foule, ses cris de surprise, ses colères, et
il avait, à sa manière, la haine de la vulgarité. Ses
grosses femmes niaises étaient une audace au moyen
de laquelle il réagissait contre les fadeurs et les miè-
vreries. Il était taillé en sanglier et se frayait un chemin à coups de boutoir, dans l'art et dans la vie. On
raconte qu'il avait du plaisir à laisser tomber une cru-
dité de paysan sur le ton discret des conversations.
Tout l'homme est dans cet esprit d'opposition.

Courbet fut une réaction. C'est une des raisons pour
lesquelles il a sa place dans l'histoire de la peinture. Il

réagit à la fois contre l'art aristocrate, à visées préten·
tieuses, et contre l'art bourgeois, à visées sentimen-
tales. Mais une réaction n'est qu'une des phases d'une
évolution : elle n'en est pas le terme définitif.

———

Courbet ébaucha une formule.

———

Il doit être considéré comme un précurseur par la
génération qui le suit. C'est lui, en effet, qui a jeté
dans le vent la graine d'où sort à cette heure le natu·
ralisme. Ce qu'il avait pris pour une doctrine absolue
n'était que le germe d'une doctrine plus humaine et
plus haute. On commença par s'attacher à la matérialité des choses avant d'en exprimer l'esprit et le métier
prépara la voie à la pensée.

Le naturalisme est le réalisme agrandi de l'étude
profonde des milieux et de l'observation nette des
caractères.

Le naturalisme suppose une philosophie que n'avait
pas le réalisme, et en effet c'est toute une philosophie
qui par ses bouts tient à la biologie, à la géologie, à
l'anthropologie, aux sciences exactes et aux sciences

sociales. Le naturalisme en art est la recherche du caractère par le style, de la condition par le caractère, de la vie entière par la condition ; il procède de l'individu au type et de l'unité à la collectivité.

« Mon rêve, écrivait Millet à l'auteur de ces lignes, est de caractériser fortement le type. »

Millet était un parfait naturaliste, c'est-à-dire, un affranchi du réalisme dans lequel s'attardait Courbet.

Or, je ne puis comprendre le peintre de la vie moderne sans ces hautes visées ; celui-là mérite vraiment ce nom qui sait buriner la société au milieu de laquelle il vit, à l'effigie de son cœur et de son esprit. Il faut qu'il lui donne l'atmosphère d'idées, de sentiments et d'aspirations qui est comme son air respirable ; il faut qu'il lui communique sa propre expérience des hommes et des choses ; il faut que dans une seule figure il puisse enfermer le monde moderne tout entier. Chaque époque a sa caractéristique ; le peintre moderne doit en être empreint au point de la laisser percer dans les conditions matérielles mêmes de son art. Il ne suffit pas que le sujet soit moderne ; le dessin, la couleur, le mode de conception doivent porter également la marque du temps qui les inspire. Cela ne va pas sans une science profonde.

Courbet ne l'a pas eue. Il n'a pas su enfermer dans la

silhouette de ses personnages la portion d'humanité ni l'espèce d'évolution que ces personnages pouvaient avoir dans la vie réelle.

Il n'a pas eu la peur sacrée de la forme.

Le personnage, en un mot, n'a pas chez lui le côté fatidique qui fait qu'on ne pourrait le remplacer par un autre ; il constitue seulement une partie de ses tableaux, sans être assez puissant pour devenir le tableau tout entier, et finalement, il demeure à l'état d'être impersonnel, noyé dans le roulis des cohues.

Courbet manquait d'une formule pour caractériser le monde moderne ; son dessin était vague, outré, gros, vigoureux sans puissance, hardi avec vulgarité ; il n'exprimait qu'à demi la vie intérieure ; comme un vêtement lâche, il flottait sur la silhouette, et le côté expressif de la figure humaine se noyait dans son indécision.

Courbet était un paysagiste de l'humanité. Une tête était pour lui un morceau de la matière ; ce n'était pas le centre nerveux d'un être organisé pour sentir et penser.

Il faisait de l'homme un accessoire de l'énorme nature morte qui est le fond de son œuvre.

Mettez n'importe laquelle de ses toiles dans un musée d'anciens ; elle tiendra par la franchise de l'exécution, mais à coup sûr elle n'indiquera pas une variation sensible dans les conditions de l'humanité. Les mains de ses personnages pourraient appartenir tout

aussi bien aux créatures de Rubens et de Jordaens ;
elles ne racontent ni la douleur ni la hâtivité des
hommes de nos jours. C'est de la belle chair vivante,
moins l'estampille qu'y met l'époque.

Courbet a été le peintre universel du monde exté-
rieur. Il a peint la pulpe, l'épiderme, l'aspect étalé; il
n'est pas descendu dans les profondeurs de la vie.
Aussi sera-t-il muet pour l'avenir.

Il n'a pas écrit l'histoire d'une seule existence; il n'a
point ni une tête qui pense ni une âme qui souffre. Le
tableau qui est peut-être son chef-d'œuvre, les *Casseurs
de pierres*, ont une beauté inaltérable de nature morte,
avec des êtres sommeillants, pris aux limites de l'intelligence. C'est une superbe page de peinture; ce n'est
pas une page d'histoire. Demeurée inexécutée, elle

n'eût pas manqué à l'humanité, elle n'eût privé les esprits ni d'un frisson ni d'une émotion.

J'ai admiré plus que personne le pamphlet étincelant où Proudhon esquisse à sa manière l'art du peintre d'Ornans. Cela continue Diderot, avec plus de fermeté, et c'est une prophétie sonnée à travers un clairon d'airain. Le philosophe y recule les horizons de l'art jusqu'aux limites de l'absolu ; il y fait un grand cours d'esthétique, avec des accents tout à fait modernes et l'histoire du passé lui sert à tracer largement l'histoire de l'avenir. Mais Proudhon était un juge détestable en matière de tableaux ; il se trompe du tout au tout sur Courbet, qui n'a que des tendances, au lieu de cette philosophie que lui prête son critique.

On comprend, du reste, que celui-ci ait été séduit par la rudesse bonhomme du peintre ; il y avait chez ces deux hommes une commune origine paysanne et tous deux étaient des gaulois. Ce qui acheva de les rapprocher, c'est que le maitre-peintre semblait donner raison au maitre-écrivain, en peignant des sujets prétendûment philosophiques et sociaux. Il se croyait un révolutionnaire dans le domaine de l'art, et il soutenait des espèces de thèses démocratiques à la pointe du pinceau. Proudhon, qui était pourtant le plus fin des esprits, ne vit pas clair au fond de cette grosse ruse ; il crut aux visées de Courbet et il le représenta comme un Messie.

On sait s'il fallut en rabattre.

Courbet ne révolutionna en réalité, que la badauderie. Ses ambitions d'agitateur laissèrent le monde tel qu'il était ; s'il démocratisa la peinture, ce fut en peignant des dondons pansues et des curés rebindains, avec des malices de satyre. Je ne crois pas que cela influa beaucoup sur la démocratie.

Il serait plus exact de dire qu'il animalisa la peinture ; il lui mit dans les veines son riche sang de paysan ; il la redressa à coups de sabots, et rarement elle a étalé une santé plus haute en couleur.

Courbet ne fit que se conformer à la loi éternelle en produisant dans le cercle de ses facultés et selon son sentiment ; il raconta sa gaité, sa vanité, sa gourmandise, ses concupiscences, et il fit bien.

L'art, a dit Émile Zola, est un coin de la nature vu à travers un tempérament.

Aussi ne reprendrais-je en Courbet ni son goût de la farce, ni son idéal d'embonpoint, s'il y avait mêlé un peu plus l'âme et un peu moins la prétention de refléter son temps.

Jan Steen, Jordaens, les deux Ostade, Brauwer, Teniers, remuent à pleines mains la canaille, avec une gentilhommerie incomparable ; mais leur art ne monte pas sur les tréteaux, avec deux clarinettes et une grosse-caisse.

Ils sont aussi plus simples que l'homme qui m'occupe; ils ne font pas parade de cynisme; on sent qu'ils croient à l'esprit tout en peignant la matière.

Courbet, lui, est le virtuose de la bestialité.

VIII

Courbet a mérité le titre de peintre universel que je
lui ai donné tout à l'heure. Il a peint l'eau, le ciel, la
terre, toutes les heures, toutes les saisons, toutes les
natures. Il a peint la montagne et la plaine, la roche
et la glèbe, il a peint les laboureurs, la bête des
champs, le gibier des bois. Il a peint le citadin, la
femme oisive, la chair saine et la chair faisandée. Il a
peint la vie, la mort, la jeunesse et la vieillesse. Il a
peint les sensualités de la table et les convoitises de
l'alcôve.

Ce que cet homme a amoncelé de vie grasse sur ses
toiles, ce qu'il a jeté d'animalité dans le creuset de son
art, les charretées de gourmandises qu'il a étalées

les brassées de saveurs, d'odeurs, de pénétrantes sensations qu'il a remuées, sont chose incroyable. On
dirait un Gargantua aux appétits énormes, vautré dans
le giron de la terre nourricière.

Il a la double vue de l'estomac ; son œil fixe la beauté
saine des choses qui se mangent, avec des ardeurs
lubréfiées de moine. Les sèves, les fruits qui pendent
à l'arbre, les légumes au goût de terreau prennent
chez lui une animation humaine. Il sait donner à ses
natures mortes le frisson des choses désirables.

———

Il triomphe dans les déjeûners où il peint des poissons, des huitres, des citrons, sur une nappe de grosse
toile bise. Une moiteur saline emperle l'écaille des
carpes, des tanches et des cabillauds, attache des
irisations de prisme à la bordure des squammes, pose
sur la croupe entière une transparence d'eau ; et la
lèvre se mouille à contempler cette fraicheur de marée,
tombée là des paniers du pêcheur. Qu'importe que la
nappe soit de grosse toile ! Elle a des éclaboussures
de lumière qui lui donnent le poli d'un surtout d'argent, des gris glacés que n'ont pas les plus beaux
damas.

———

D'autres fois, c'est une promesse friande de gibier nouvellement tué, avec ses ébarbements de poils, ses chiffonnements de plumes, ses échappées de chair brune faite pour la marinade ou le brasier. Le chevreuil pose au milieu son corps brun, souple comme un ressort; il baigne dans une lumière veloutée, qui argente son contour; un fumet semble planer autour de ses cuissons fermes. C'est un drame qui va s'achever tout à l'heure dans le grésillement des sauces, sous le picotement hilare des fourchettes. Drame aussi le beau canard bedonnant, aux cuisses trouées de fossettes, qui s'arrondit dans sa plume grasse et lisse, sur le bord de la table. Quelquefois un ventre nu de gallinacé s'écarquille avec sa peau grenue, le croupion béant, et donne le désir de toucher à ses potelés, à ses tremblotements de crème figée. Une couleur simple, largement étalée, communique à ces belles nourritures l'onction de la vie.

On a reproché à Courbet de n'avoir pas d'idéal. Cela est faux. Il a un idéal très-persistant, mais il faut le chercher où il est, dans son amour de la vie grasse, dans ses appétits de gourmandise, dans ses sensualités de gros viveur.

Une bombance fait le fond de son art.

Il s'est formé un paradis de joies épaisses qui cha-

touillent son rêve de bien-être, à travers un engourdissement de son âme. Il a rendu tangible la volupté
qu'il y a à s'abandonner à son instinct ; et finalement
il est le peintre de la bête, plus qu'aucun autre.

Il a peint le nu avec des emportements d'homme
vierge enfiévré d'érotisme. Un satyriasis permanent le
tient allumé devant la chair. Ses femmes ont une
ampleur dodue de ventres et de dos, comme chez
Rubens et Jordaens. Le sang leur met à fleur de peau
des bouillons rosés, une bruine qui s'exude en moiteur
chaude. Elles semblent taillées dans des blocs de matière, avec des airs féroces de boucherie. C'est une
muliébrité presque masculine à force d'épaisseur, et
l'on voit les muscles saillir sous leur épiderme gras,
peint dans des pâtes qui ont la porosité et le grain du
modèle vivant. Le peintre se satisfaisait dans ces coulées de nu ; il les étalait à satiété dans ses *Baigneuses*
et ses *Dormeuses*, et une lumière d'or, très-fine, tom-
bant sur la peau, semblait donner aux roses du sang
la fraicheur des roses naturelles.

Tels de ces nus sont pétris véritablement avec du
soleil et font une tache claire qui éblouit les yeux ; on
oublie la grossièreté des formes pour ne plus songer
qu'à l'intensité extraordinaire de la vie épanouie avec
une splendeur de bouquet.

IX

Courbet a surtout été tenté par le paysage.

Ce grand travailleur de la main avait une certaine paresse d'esprit qui s'accommodait de la passivité de la terre.

Il a fait du paysage parce que le paysage est plus facile à faire que la figure. Le paysage, en effet, est un art inférieur quand il n'est pas manié par des cerveaux comme Rousseau, Corot, Millet, Daubigny.

Ceux-là l'ont humanisé.

Courbet s'est contenté de le peindre avec des adresses d'exécution étonnantes.

Il y a deux fois plus de paysages dans son œuvre que de figures.

Paysages et marines sont pour lui le prétexte d'une

virtuosité illimitée. Il s'y livre à tout son aplomb de praticien ; il invente des effets, triture, alambique, alchimise, fait un art de cristallisation effréné.

Quand il s'installe devant la nature il apporte avec lui ses recettes d'atelier. La splendeur des jours ne lui fait rien oublier de son métier. C'est un roué qui sait « comment une virginité s'attrape ». Ce n'est pas un cœur chaste comme Corot, ni un esprit ingénu comme Daubigny.

Il est l'inventeur de cette formule : « Le paysage est une affaire de tons. »

Il peint des « morceaux. »

J'ai passé des heures à contempler ses pans de rochers égratignés de rayures grises et glacés par les mousses de tons de vieux velours ; non-seulement c'était le feuilleté, le rocailleux et le grenu de la roche, mais il trouvait sur sa palette des rouilles de moisissure, des poudroiements de vieil or, des flambées d'étincelles qui faisaient de ces coins un enchantement.

C'étaient comme des éclats sombres de joailleries qui s'harmonisaient aux sonorités discrètes des verts ; car ce magicien savait être discret.

Il noyait dans les sourdines de ses gris ardoisés les phosphorescences chimiques de ses gemmes et de ses malachites ; il leur donnait des apaisements de demi-teinte, et, même au soleil, il savait éviter les pyrotechnies qui ont l'air d'incendier les tableaux de Diaz.

L'eau mettait au milieu de ces paysages ses nappes argentées, bouillonnantes d'écume. Courbet leur donnait de la densité plutôt que de la transparence, mais même épaissies par le procédé, elles roulaient furieusement.

———

Il garde, en présence de la nature, une robustesse inattendrie de paysan travaillant à son champ.

Il traite le paysage en homme de procédé plutôt qu'en poète ; il n'est ni un bucolique ni un élégiaque ; il raconte la terre sans passion. C'est un manieur de charrue labourant à coups de soc la glèbe gercée par le givre et le soleil. Il s'assimile les rocs, les landes, les bois, les eaux, despotiquement, sans se laisser troubler par les nymphes cachées au fond des feuilles. Il est sauvage, bourru, plein de résolution et ne connait pas la timidité. Il n'entend pas être vaincu par la nature, et tandis que son pinceau lustre les bleus du ciel ou brouille les verdures, il s'admire, avec des aises profondes.

———

Courbet a eu l'adresse de faire croire qu'il était ému.

Quelqu'un lui demandant un jour : — Comment vous y prenez-vous, Monsieur Courbet, pour faire de si beaux paysages ?

— Moi ? répondit-il, je suis *ému*.

Mais son émotion ne dépasse pas l'œil ; il n'a pas, à contempler la vieillesse toujours jeune du monde, les balbutiements du paysagiste en qui s'éveille un poète ; il ne se sent pas près de ployer le genou dans l'herbe trempée de rosée, qui scintille dans la rougeur du matin. Il conserve devant les choses, le sang-froid des forts, et son travail s'achève avec calme, dans la certitude.

Mais quelles magies la lumière devait poser sur cette rétine sensible ! De quel flot de voluptés emparadisées la nature devait noyer ces larges prunelles, si prodigieusement organisées pour saisir les plus fugitives dégradations du ton dans l'ombre et la clarté !

L'œil de Courbet, en se fermant au jour, a dû sentir glisser sous sa paupière comme un énorme chatoiement de prisme.

La mort ne clôt pas de pareils yeux sans les ravir une dernière fois de la tendresse des choses si longtemps contemplées.

X

Courbet a surtout étudié le volume des choses, l'épaisseur plutôt que la finesse des silhouettes sur les couches d'air transparent, la densité plutôt que la légèreté de l'effet.

Il a vu la nature simplement en observateur, sans lyrisme. Il n'a pas cherché à déchiffrer le thème douloureux de la terre ; il ne lui a pas fait crier son cri.

C'est le terreau qu'il peint avec son rapport végétal, sa santé puissante, les pour cent qu'il donne en cultures. Les obscurités de la genèse ne le touchent pas ; il a une certaine sérénité vierge qui n'est pas entamée par le mystère tellurique. Il laboure son champ, la pipe à la bouche, content, l'esprit plein de chansons. Ceci est pour la pomme de terre, ceci pour la betterave, ceci pour le froment, et les bêtes se vautreront dans le reste à pleins fanons. Ses verdures font sur la tache de l'air des masses solides, pareilles à des incrustations, et le long du pré une herbe drue moutonne, tout d'un ton, dans une lueur vert-sombre ; mais il n'y a place dans ces beaux étés, ni pour une aspiration ni pour un regret.

La terre n'a pas de pouls chez Courbet ; elle ne bat pas.

Même observation pour ses hivers. La formule plastique est admirable ; il excelle à détacher les rousseurs des taillis sur le damas blanc de la neige ; il a des tons rompus d'acajou, des marbrures de vieille rouille, des harmonies d'accords bruns, somptueux comme des tentures, et ses neiges ont un éclat sobre qui n'a rien de commun avec le blanc d'œuf des peintres-pâtissiers. Il est rude, puissant, introublé. Les gerçures de la gelée ne font pas de plaies aux flancs de ses paysages ; on ne sent pas suffisamment se dessiner sous la croûte terrestre le squelette de la mort ; ses hivers manquent de cet engourdissement funèbre qui est pour l'âme comme la pesée d'une pierre sépulcrale.

Rien de plus magnifique, du reste ; les blancs ont

des bleuissements de ciel, des douceurs d'hermine, des
fermetés de marbre, et quelquefois Courbet y mêle
une carcasse affamée de loup, avec son fauve velours
retroussé.

Courbet a toujours été très-épris de la tache que fait
la bête sur le plein air.

J'ai vu ses chevreuils, ses lièvres, ses chiens et j'ai
conservé le souvenir d'une animalité très-étudiée avec
des énergies qui avaient le nerf de la nature. La min-
ceur souple, alerte, du chevreuil, dans sa pelisse fourrée
de roux, lui a fait aimer particulièrement ce bel animal à l'œil humain.

Il y aurait inutilité à reparler ici de sa fameuse
Remise et de ses chevreuils dans la neige, motifs de
verve inépuisable pour sa brosse amoureuse des tons
bruns ; tout le monde les a loués. Il a répété aussi,
mais moins souvent, ses nerveuses anatomies de
lévriers ; je me souviens, en écrivant, d'un groupe
lumineux de ces chiens profilé sur un poudroiement de
lumière marine. C'étaient comme des ressorts au repos
qu'un appel du maitre allait faire partir, et ils avaient
une ossature magnifiquement efflanquée, avec des
museaux pointus allumés d'une paillette rose.

L'accord de la bête et du paysage est une preuve de
plus de ce bon sens de Courbet dont il a été parlé.

Il les faisait rarement l'un sans l'autre, les associant
ainsi à une même vie, et en effet l'animal n'est pas
autre chose que l'incarnation des énergies de la terre.

Quelqu'un habite le paysage de Courbet : c'est le
paysan qui se voit là-bas, arpentant le chemin, c'est le
chasseur embusqué à la lisière du bois, c'est un loup,
un chevreuil, une bête quelconque, tragique ou paci-
fique, sorte de synthèse de la solitude.

Cela n'a pas l'énormité de certaines visions dan-
tesques de Th. Rousseau, où ce vaste esprit est tourmenté par l'étrangeté formidable du grand Pan et
qu'il peuple de larves et de fantômes, mais cela est
plus près de la nature, et quelquefois cette simplicité
du paysan réaliste l'emporte sur le lyrisme grandiose
du peintre lettré et idéaliste.

XI

Il faudrait parler encore de ces belles marines si
étonnamment nacrées qui sont semblables à de la
lumière figée et dans lesquelles Courbet a mis ses plus
beaux chatoiements émeraude, turquoise, saphir et
lapis-lazuli.

Une tentation irrésistible appelle à la mer les peintres vraiment coloristes, et Courbet fut puissamment
occupé par la magnificence des eaux.

La musique enchantée des accords marins fit vibrer
sur sa palette toute une gamme de bleus, allant du
cobalt au gris-perlé. Il se grisa des rosées qui bruinent
dans l'air transparent de la mer, des irisations qu'y
allume le soleil, des trainées de perles qui font scintil-
ler à l'infini les plages, et une belle réalité d'eaux

lamées de lumière, de crêtes étincelantes, d'écumes phosphorescentes donna à ses toiles une magie extraordinaire.

Par moments, il est vrai, ces marines splendides ressemblent à des incrustations de marbre et de métal, les vagues ont des cabrements de cheval, et l'écume, qui plaque à leurs pointes, s'effrite comme les éclats d'un marbre taillé à coups de maillet. Mais le ciel a toujours des fluidités admirables et des bouts de vague, grands comme l'ongle, renferment tout un paradis de lumières dans leurs facettes claires comme le cristal.

Je citerai pour mémoire la *Mer orageuse* et la *Falaise d'Etretat après l'orage*, exposés au Salon de 1870. La *Falaise* s'escarpait sur un ciel turbulent, coupé d'une large écorchure bleue où grondait le tonnerre. Un bout de pré pelé mettait sur l'ensemble sa petite tache jaune d'une mélancolie incomparable. La *Mer orageuse* avait à l'avant-plan un roc qui semblait sculpté dans un marbre noir veiné de filets carminés et la lumière tombait dessus par les fissures de la nue, en grande nappe qui faisait resplendir la croupe des vagues.

———

« Courbet, écrivait en 1870, au sujet de ces tableaux, l'auteur de cette notice, Courbet est le plus voluptueux et le plus raffiné des peintres d'exécution.

« Couché dans un vaste panthéïsme, il voit avec un égal amour resplendir l'étoile au firmament et luire le caillou dans les herbes. Son génie enfantin et corrompu joue indifféremment avec la grume écailleuse d'une pierraille et le luisarnement d'une clairière au soleil.

« Il n'admet pas qu'il y ait de petites choses dans la nature et il traite tout avec la même importance.

« Cette tendresse qu'il a pour la moindre poussière se synthétise dans ses toiles, en formules énormes où la poussière elle-même joue son rôle... Les solides l'attirent irrésistiblement par leur cohésion et l'habitude de les peindre explique dans ses œuvres l'étonnant groupement de toutes les parties.

« Une toile de Courbet semble faite de gravier pilé, sur lequel le peintre aurait jeté ses admirables vernissures brunes. Tout se tient dans des attaches étroites où malheureusement les liquides eux-mêmes, par l'absorbante peinture du maître, s'ossifient au degré des solides.

« La magie de sa peinture est dans les énergies qu'il met à marmoriser tout ce que touche son pinceau.

« Dans ses splendides blocs où serpentent en lumières transfusées les paillettes qui flamboient au cœur des camées, les verts de velours se mêlent par d'adorables transitions aux jaunes des fluorines, les orpiments cristallisés se glacent d'irisations, sous les verts des poudings diluviens, les bleus lazurite s'ensanglantent aux reflets des carmins de l'hépatite, les feldspaths s'écaillent sous la griffe des cuivres arséniatés.

« Sa pratique dépasse en ingéniosité, en furie d'invention, les nouveautés les plus triomphantes des ateliers.

« Personne, ni Decamps, ni Diaz, ni Marilhat, n'a su gratter les grenus de la pierre et des terrains, ni écraser au couteau les clottes de couleur sur lesquelles les glacis posent ensuite leurs transparences, ni égratigner par l'application de loques écrues sur la toile, ni répandre les délicatesses de ton les plus exquises par le moyen des frottis, comme il le fait, en un jeu éblouissant, dans chacun de ses tableaux.

« Il faut quasiment avoir pratiqué soi-même la couleur et s'être énamouré sur sa palette des hyménées que forment les hasards du ton, pour sentir l'ébouriffant prodige du faire de Courbet.

« Il s'assimile la nature et la passe à son creuset — d'où elle sort avec la marque de sa turbulente personnalité. »

J'ai gardé le même étonnement pour l'exécution de Courbet; mais je la juge différemment.

Le couteau est un outil inférieur et l'on ne peut méconnaitre que Courbet en a répandu l'usage parmi les peintres de ce temps. Il est le créateur de cette mauvaise habitude; il a importé un vice nouveau dans l'art, et ce vice a mis la peinture contemporaine à un doigt de sa perte.

Peindre au couteau permet de ne pas savoir sa grammaire. C'est un tour de gobelet au moyen duquel on escamote les difficultés de l'art. Il est en effet, bien plus aisé d'étaler de la couleur que de peindre le détail des formes, avec leur complexité.

Un arbre a ses feuilles dans la nature ; il en faut par conséquent dans l'art. Je ne puis admettre qu'on enlève à la chose qu'on peint la condition essentielle de son existence. Il y a Delaberge, l'œil photographe ; mais il y a aussi l'œil peintre, c'est-à-dire Hobbema, Constable, Millet, Rousseau. Or, chez ceux-ci, les feuilles naissent une à une sous le pinceau et leur travail est semblable à un printemps perpétuel.

C'est qu'en effet, une œuvre d'art ne s'improvise pas plus que ne s'est improvisée la création. Les paysages du Bon Dieu ont mis cent ans, mille ans à se faire ; ils ont germé grume par grume, pendant des siècles, avant de s'étaler dans leur parachèvement radieux. De même, les paysages des vrais amoureux de la terre ont une genèse lente, qui recommence à chaque brin d'herbe.

Courbet a oublié les oiseaux dans ses paysages.

Le couteau donne une satisfaction éphémère, mais n'a pas la continuité des douceurs que donne la brosse. Il est artificiel et joue à l'exécution, avec grâce souvent, jamais avec gravité. Il convient au miroitement des surfaces; il ne saurait convenir à peindre en profondeur. Il satisfait les yeux; il ne satisfait pas la conscience. Il n'y a pas d'exemple d'une belle tête peinte au couteau; ce n'est pas avec de telles armes qu'on apprivoise les âmes. Le couteau, enfin, écrase ce qui est souple sous la brosse, met l'uniformité à la place de la variété, glace les moiteurs de la pâte, substitue à la porosité de la vie la dureté des marbres et des métaux. Que les artistes sachent bien ceci : rien ne prévaut sur le pinceau; celui-ci vibre, résonne, s'encolère, s'attendrit, participe aux sensations, subit le magnétisme de l'esprit.

Un pinceau, c'est de la cervelle.

Au contraire, le couteau est l'instrument bête du manouvrier; il est inconscient, irresponsable, mécanique. Il dirige la main, il collabore avec le hasard; même manié par un virtuose, il garde sa souillure héréditaire, qui est de matérialiser tout ce qu'il touche.

C'est le couteau qui a engendré la peinture de l'à peu près. Les maçons de l'art ont trouvé commode de faire leur besogne à coups de truelle; cela simplifiait les recherches, et l'on pouvait se passer de peindre et de dessiner. Il y a eu alors un soulagement énorme parmi les paresseux qui sont les nombreux dans l'art,

et l'on vit surgir des ateliers une création mons-
trueuse de terrains sans cailloux, d'arbres sans bran-
ches, d'animaux sans poils, d'hommes sans porcs et de
poissons sans écailles. Des peintres s'érigèrent en
apôtres et proclamèrent que deux tons écrasés sur
une toile faisaient un tableau. De la science, du
respect, de l'émotion, de l'illusion qui dure, de toutes
ces lois anciennes de la peinture, il ne fut plus
question.

Et nous y sommes encore.

XII

Je me résume.

Courbet est le plus puissant peintre animal de ce temps.

Il est l'œil fait peintre, ouvert à la création et s'emplissant du spectacle des choses sans parti-pris.

Il a moins et plus que l'intelligence raisonnée, celle qu'on pourrait appeler de seconde main ; il a l'intuition spontanée, immédiate. Les objets produisent une vibration sur sa rétine, descendent en lui avec une netteté absolue, prennent dans son cerveau une solidité de matière, et il les reflète franchement, un peu lourdement, en homme qui ne veut pas être dupe de son impression.

Il a le tempérament du cheval au ratelier, de la

vache au pré, de l'animalité éternelle évoluant dans le cadre naturel de son action. Courbet peignait comme l'homme boit, digère, parle, avec une activité sans effort, une puissance sans lassitude.

Il reflétait l'image de la création avec un absolutisme d'objectif.

Pour son art, la table était toujours mise et il n'y avait ni jour de soleil ni jour de pluie.

Il a fait de la peinture d'homme-nature, de paysan du Danube, de tempérament vierge sur lequel les maladies de l'esprit n'ont pas eu de prise.

Il a accompli son œuvre au hasard du chemin, par morceaux, sans s'occuper de les relier par une visée commune.

Il a peint les choses comme elles sont, avec un instinct bête qui tenait du génie.

Il a eu l'audace d'être lui-même, avec les côtés subalternes de son tempérament, sans chercher à voir au delà.

Son lot était la bonne foi et le bon sens.

Il a été un honnête homme de la peinture.

C'était une nature grosse, gourmande, matérielle et qui a su faire sa force de ce qui était sa faiblesse.

Il s'est cru un christ, il était simplement un apôtre. La religion qu'il s'est imaginé apporter aux hommes, avait été apportée bien avant lui; mais il a rouvert le temple où elle se pratiquait.

Il a été révolutionneur avec l'art le moins révolu-

tionnaire de la terre, puisque cet art étant la tradition,
était la bonhomie, la sincérité, le naturel, c'est-à-dire,
l'école éternelle.

Courbet continue la tradition des bons ouvriers du
passé, peignant en vertu des lois qui font les hommes
peintres.

Il est de la famille de Ribera, de Véronèse, de
Jordaens, de Rubens, de tous les expansifs, de ceux
qu'on pourrait appeler les vaches laitières de l'art.

Il est un cadet parmi ces aînés.

Il n'a pas la hauteur de certains modernes doués
d'une volonté despotique et qui ont imprimé sur la
nature la marque de leur domination.

Sa tête ne renfermait pas le moule où la création
prend une forme indissoluble.

Mais il a racheté cette infériorité par l'exubérance
d'un tempérament tout d'instinct, inépuisable comme
la nature, vaste comme l'universalité des choses qu'il
peignait, étonnamment sensible à la lumière, au fracas,
à la silhouette, à tout ce qui est épiderme, apparence,
forme et matière.

———————

Courbet a été un tempérament dans un mécanisme.
Il n'a pas su être une conscience.

———————

Il est bon de constater certaines choses.

Un cercle de Bruxelles, le *Cercle Artistique et Littéraire,*
organisait au lendemain de la mort de Courbet une exposition
de quelques-unes de ses œuvres. C'étaient des œuvres de
choix, provenant de cabinets d'amateurs bruxellois.

Il y en avait quatorze.

Une couronne d'immortelles avait été accrochée à une superbe *Marine* et disait les regrets des peintres flamands, uni-
versellement frappés par cette mort.

Courbet avait passé trois mois en Belgique ; il s'y était lié
avec quelques chercheurs, et un peu de sa large indépendance
s'était mêlé à leur art. On fraternisait dans un idéal de peinture
nourrie, où la nature s'épanouissait dans sa santé, et une haine
pareille de l'école achevait la communion. Cette influence
du peintre d'Ornans est demeurée chez les artistes du pays
comme une chaleur de soleil, et son réalisme a éveillé au fond
des ateliers des germes d'art engourdis.

Il faut ajouter que sa peinture grasse avait rapidement con-
quis les amateurs. Il prit possession des galeries belges, presque sans lutte. On eût dit un frère au milieu de la fière virtuosité des anciens flamands; comme eux, il étalait une ardeur de
la chair, qui mettait en joie la sensualité des bons bourgeois.
J'ai vu en Belgique une floraison de Courbet comme il n'y en
a peut-être nulle part; j'excepte les *Casseurs de pierres*, bloc
de matière admirable, qui est à Paris, chez M. Binant. Mais
ses plus belles *Baigneuses*, ses nus les plus amoureux, la fleur
de son art d'épiderme appartient à des cabinets belges.

Les quatorze tableaux exposés au *Cercle Artistique* de
Bruxelles ne sont qu'une très-faible partie de cette riche possession; et pourtant elle suffit à mettre en lumière la valeur du
peintre.

J'ai pensé qu'un aperçu critique ne serait pas sans utilité.

Je mentionnerai d'abord un grand portrait de Courbet par
lui-même, qui porte la date de 1847. C'est bien sa tête fine,
avec le collier de barbe et les longs cheveux bouclés qu'il a
répétés si souvent. Il s'est représenté, cette fois, jouant du
violoncelle, et la tête se penche à demi avec une volupté toute
musicale, pour mieux écouter vibrer l'archet. Il a des yeux
noirs, entourés de bistre, au milieu desquels la prunelle
allume une paillette, et ces deux larges yeux posent une tache
profonde sur la pâleur rosée des joues. C'est un Courbet enfiévré d'amour, semble-t-il; une lassitude se lit sur la chair et
la détend, comme après une nuit orageuse, et le regard est
noyé dans une contemplation indéfinie.

C'est déjà une fière manière de peintre. La brosse jette des accents vigoureux et comme une flambée de notes claires dans la douceur des pénombres. Evidemment Courbet est tourmenté par Ribera ; il est sous le charme de cette peinture picaresque, piquée de brasillements sur des fonds de nuit. Ribera est rempli d'une âpreté féroce qui s'est jetée à travers ses songeries, et il se laisse aller à l'imiter. La chair des joues et des mains est pointillée de coupe-rose, on dirait une bruine perlant sous la peau.

Ribot, lui aussi, doit à ce procédé d'étranges et rares trouvailles, soit qu'il sème ses picotis rouges sur des visages entrevus dans des épaisseurs de nuit, soit qu'il en crible la nudité de ses Saint-Sébastien. Cela joue à l'écorchure, avec des floraisons d'érosions pareilles à des sanies coagulées, et sous une forte pratique de peintre, atteint à des beautés artificielles fécondes en surprises.

Courbet s'est visiblement amusé de ce jeu dans son portrait de 1847. Il y triomphe avec cette truculence qu'il a toujours eue dans le maniement des pâtes. Les mains sont glacées de tons rosés à travers une chaleur de bitume et font une illumination de vie à la partie basse du portrait tournée au noir. Elles exécutent (la droite surtout, qui tient l'archet), un beau geste nerveux, auquel se prête un amusant *dessin d'intention*, mettant en relief la forme musicale des doigts et leur anatomie assouplie à l'archet comme un ressort.

On peut dire de l'ensemble du portrait qu'il est la formule ancienne de Courbet, alors qu'il est pénétré de l'originalité des maîtres. Il a des convoitises pour leur idéal si fortement écrit et il rêve de l'appliquer au milieu où il vit. Le *Violoncelliste* est vêtu de noir, dans des accords sobres, comme un seigneur espagnol.

Même observation pour le portrait de la femme maigre
J'avoue ne pas aimer du tout l'ensemble de la personne. Elle est affublée d'une laideur sentimentale et pincée, mal venue sous un coloris étriqué qui est peu dans la coutume de Courbet. C'est une dame mince, jaune, sans un soupçon de gorge, rappelant par sa tenue puritaine, sa taille droite, la raideur de son maintien, certains portraits du temps de l'empire, qui avaient toujours l'air de vouloir se briser en deux. Mais les mains ont une sécheresse de passion extraordinaire, sous une peau cuite au soleil, et leur geste est simple avec un naturel exquis. Mains de guitariste espagnole faites au râclement du jambon. Mains aux osselets polis, sur lesquels tend la peau, très-nettes et très-belles.

Une *Baigneuse* qui porte la date de 1866, va nous consoler de ce corps mélancolique. Celle-là est la santé même, dans une silhouette ample et grasse que le corset n'a pas déformée, et elle s'étale, nue, au bord de l'eau, avec des seins ronds au bout desquels s'allume un tremblotement rosé. La belle fille! Elle est la sœur des femmes du Titien et du Corrège par le rhythme onduleux de la forme; elle a la moiteur chaude de la vie, et une chevelure rouge fait sur sa tête un incendie. Autour d'elle s'étend un paysage vert, d'une transparence printanière. Une lumière ambrée filtre à travers les feuillées, cascade en traînées de branche en branche, constelle l'air où baigne cette chair frissonnante. L'effet est rendu avec une clarté admirable, sans préoccupation visible du procédé, et l'on ne peut être ni plus indépendant ni plus vrai. C'est une échappée de plein air, taillée dans un matin de mai, avec des emperlées de rosée aux feuilles, et tout le paysage scintille dans une gaieté de verts étincelants qui tremblent au vent.

La baigneuse pose sur le fond sa chair laiteuse et fraîche. Un ourlet de sang à peine perceptible borde les contours, du côté de la lumière, et la peau a un grain mat, légèrement tumergé par les sueurs. Le ventre s'arrondit dans un orbe inaltéré ; c'est une édition de la *Source*, avec des épaisseurs de chair en plus. Elle se retient d'une main à une branche d'arbre, plonge dans l'eau son pied gauche, prise d'un petit frémissement, et la verdure l'entoure d'une draperie croulante, avec un reflet glauque qui se mêle à sa nudité.

J'ai vu tomber le soir sur cette belle femme nue, une après-midi que je m'étais attardé au *Cercle*. Tandis que l'obscurité assombrissait les choses autour d'elle, la pâleur de son corps continuait à se détacher sur la pénombre de la nuit, et elle demeura visible jusqu'à la dernière filtrée de lueur. Elle prenait, au milieu de ces décroissances de la lumière, la coloration qu'une chair réelle eût posée dans une chambre envahie par le crépuscule.

Courbet modèle ses femmes nues dans une matière lumineuse, dans un embonpoint heureux, dans un sourire de la chair satisfaite. La chair, chez lui, a les potelés douillets, les mollesses moites, les onctions de la vie.

———

Une *Dame au miroir* était placée à côté de la *Baigneuse*. La pose du buste indiquait qu'elle était couchée, et sa gorge était ramenée en avant, avec une ampleur éblouissante de décolleté. La main qui tenait le miroir était élégante, d'un beau ton cireux et s'accordait avec la blancheur grasse de la poitrine. Celle-ci était peinte en pleine lumière et lustrée de glacis azurés, qui se mêlaient aux gris de la peau. Une tête fine allumait au dessus de cette clarté ses joues vermillonnées, peintes dans la même pâte grasse qui avait servi à la gorge.

Puis une *Tête de femme* signalait une recherche d'élégance. Les cheveux tenaient en équilibre sur le chignon, un bout de bonnet blanc superbement facturé, mais les chairs de la figure, en demi-teinte, manquaient de la franchise habituelle.

J'arrive aux paysages.

C'était d'abord un grand fond de bois, très-largement brossé, où l'automne allumait des rousseurs d'incendie. En haut, une éclaircie de ciel mettait une trouée bleu-indigo. A l'avant-plan, parmi les jonchées de feuilles mortes, deux chiens de chasse étaient arqués sur leurs jarrets, dans la posture de l'arrêt. A gauche, un lièvre s'écroulait, posé en hauteur, dans une jolie fourrure jaune étoupée de blanc.

Le morceau est résistant : c'est de la peinture forte, vigoureuse, montée en ton. Elle est de la manière des premiers paysages du maître, moins ces accents sobres qu'il a trouvés plus tard. Le petit lièvre est d'une cuisine appétissante et fait un pendant heureux aux deux chiens, taillés en molosses, les reins carrés, les pattes souples et fermes, avec de belles taches dans la robe. Le chien de droite, toutefois, est un peu pote et écrasé.

———

Un second paysage représentait une maison au bord d'un pont. Une chute d'eau sous le pont et pour fond, des rochers. L'eau dévale la pente du barrage, en large nappe, avec un bouillonnement de grosses écumes. Elle a les épaisseurs de bouillie souvent reprochées à Courbet ; elle a aussi les transparences glauques, les chatoiements sombres d'émeraude qui indiquent si bien l'eau des torrents. Densité à part, personne n'a rendu comme lui certaines écaillures ventre de poisson de l'eau scintillant dans la lumière.

———

J'avoue ma prédilection pour un tableau voisin, un *Sous-Bois en automne*. C'est une fenêtre ouverte sur la nature. Le spectateur oublie ce qu'il en a coûté de facture pour arriver à cette apparence de spontanéité.

Le peintre sûrement était dans un de ses bons jours ; le paysage s'imprima sur sa rétine avec sa lumière, son mouvement, son va-et-vient de vent, et il fit sa besogne gaîment, clignant les yeux et prenant ses tons sur nature.

Une furie de rouge, de jaune, de cinabre, de laque, pend aux arbres, remplit les fourrés, s'échevèle par l'air, avec des ardeurs de ton allumées à la clarté d'un soleil d'octobre, et des verts çà et là posent sur cet orchestre leur pétardement sec, qui semble détoner.

Le couteau a tout fait. C'est lui qui a mis dans la pâte les flambées de ton, les crépitements de lueurs, les filtrées de soleil. Des bouts de ciel ont l'air de flotter entre les ramées, et les troncs d'arbres font dans la perspective une colonnade grise, lustrée par les mousses de reflets mordorés. Il n'est pas question que le travail soit brutal ou lâché; la couleur est étendue sur la toile par plaques lisses comme de l'émail, sur lesquelles le couteau revient ensuite, jette les dentelures et les arabesques.

Le tableau est daté de 1865.

J'en viens à cette belle *Marine* qui attirait les regards et les retenait par la douceur de ses bleus. On pourrait l'appeler la symphonie bleue, à cause du thème sur lequel elle exécute ses triomphantes variations. Le ciel et la mer sont noyés dans une immensité tiède, sereine, admirablement lumineuse, où la lumière elle-même semble bleue. A peine une déchirure à ce grand azur du ciel; une nuée blanche barre l'horizon de sa pointe immobile. En bas s'étend la plage, avec son satin couleur de chair où traînent les flaques couleur de ciel. Et c'est tout : tout le reste flotte dans les abîmes bleus de l'air, ondule dans les gouffres bleus de la mer, chante l'épithalame de l'Océan marié à la clarté bleue. C'est un bleu transparent, impondérable, qui s'amollit par places dans des moiteurs gris-perlées, éclate plus loin en sonorités de bleu de Prusse, s'irise de lueurs, s'enflambe de chaleur, est torride, écrasant, farouche et en même temps est diaphane, tendre, amoureux, a des opacités de marbre et des diaphanéités de brume, est tout plein d'éclairs et tout plein de sourires, baigne dans les rosées et se cuirasse de reflets d'acier. Le bleu est dans cette marine une sorte de basse continue, sourde, ronflante, sur laquelle brodent les petites flûtes, les harpes, les hautbois, tout un orchestre léger de bleus fins, perlés, lustrés, ayant le chatoiement des gemmes et l'immatérialité d'une bulle d'eau crevant au soleil. La mer a des ardeurs de turquoise et des douceurs de lapis-lazuli, s'écrête de bluettes, s'aigrette de lueurs, roule dans une phosphorescence, lamée çà et là d'argent par la vapeur ; et au dedans de soi, l'âme se fond à contempler ce songe de la création apaisée.

On voudrait dire que le nuage est dur, que les chevaux de la plage sont en bois, et que c'est pitié qu'une si belle chose ne soit pas parfaite, mais l'on oublie les défauts devant l'étincellement de cet écrin ouvert d'où croulent les joailleries.

Je termine par le *Bouquet,* une lumière à travers un prisme.

Figurez-vous une jonchée de fleurs rapportée des champs et étalée avec sa brume de grand air, sa chaleur de soleil, son pétillement de sève, ses tremblotements de rosées, ses diadèmes de bluettes, sa féerie de notes gaies, claires, fanfarantes, puis jetez tout cela dans une clarté d'après-midi, en plein été, sur un rebord de fenêtre.

Vous aurez une idée de l'énorme *Bouquet.*

Il est d'une exécution endiablée, ou plutôt il n'a pas d'exécution, tant il est pris sur la nature, vif, primesautier, tant c'est une odeur, une lumière, une impression, une promesse de bonheur. Sa masse ronde s'enlève sur un fond de clarté vague, avec magnificence, étalant un large miroitement. Il a toutes les couleurs, il est une volupté de grand peintre, et Courbet, en le faisant, a dû céder à l'envie de raconter une réalité belle comme un songe. Cet amoncellement de fleurs a la douceur d'un songe, en effet, en même temps qu'un esprit de la forme très-largement formulé sous les pâtes, et je ne sais rien de charmant comme le rose éteint des contours mêlés au fond de droite, terminant toute cette éclatante mêlée par une fusée qui se meurt dans la moiteur des matins.

GUSTAVE COURBET

A LA

TOUR DE PEILZ

LETTRE DU DR PAUL COLLIN

---

*Nous publions ci-après une lettre du docteur Paul
Collin, notre ami.*

*Il avait été appelé par Gustave Courbet, peu de
temps avant sa mort.*

*Il s'était rendu à ce désir ; mais Courbet n'était plus
en état d'être sauvé.*

*Le Dr Collin ne put donc que lui prodiguer des soins
superflus ; du moins voulut-il l'aider jusqu'au bout.*

*La lettre qu'il nous écrivit au lendemain du
deuil qui frappe l'art français, respire un amour sincère de l'art et une juste admiration pour le talent de
Courbet.*

C'est pourquoi nous la publions.

Elle est de plus un document historique.

M. Paul Collin a été un témoin.

Il est bon de savoir comment meurent ceux qui ont occupé une large place dans la vie.

31 décembre 1877.

MON CHER AMI,

Je connaissais Courbet depuis à peu près neuf ans. Je lui avais donné mes soins en 1869. Il était alors dans toute la maturité de son riche tempérament.

Très-souffrant à la Tour de Peilz, il s'était souvenu de moi et il m'avait fait appeler. Il ne se doutait pas que la maladie allait se dénouer si brutalement par la mort.

La lettre dans laquelle il me demandait et sur laquelle il a posé sa dernière signature, avec les derniers mots qui soient sortis de sa main, renfermait, au contraire, une sorte d'assurance sereine.

Je vous en transcris le passage important, qui vous montrera avec quel calme Courbet suivait les progrès de sa maladie :

« Malgré le traitement de Chaux-de-Fonds à la vapeur, « malgré ma répugnance pour ce genre de traitement, j'ai dû, « une fois revenu à la Tour de Peilz, subir le traitement des

« médecins par la ponction. Il y avait le docteur Blondon de
« Besançon et le vieux père Farvagnie de Vevey que vous
« connaissez. Cette ponction a été faite il y a à peu près quinze
« jours et aujourd'hui c'est à recommencer. Ayant repris mon
« obésité absolument, c'est-à-dire 145 centimètres, je ne sais
« si le docteur Collin est toujours dans les mêmes dispositions
« à venir me voir. Jusqu'à présent, j'ai craint de le déranger,
« mais maintenant que c'est le moment le plus intéressant de
« cette maladie, j'accepterai les services qu'il m'avait offerts si
« gracieusement il y a quelque temps. . . . .

« Cette obésité suit un cours absolument régulier. Je ne
« souffre dans aucune partie du corps ; j'ai le cœur légère-
« ment engorgé, j'ai 80 pulsations et le foie tout à fait à sa
« place. Je n'ai pas de maux de tête et je n'ai que la fatigue
« provoquée par le poids. La première ponction qui n'a été
« faite qu'aux deux tiers, a produit 20 litres d'eau.

« Les bains de vapeur de la Chaux-de-Fonds ainsi que les
« purges, ont pu produire 18 litres par le fondement. Les
« jambes ne sont pas très-enflées. Voilà l'état dans lequel je
« me trouve. »

Comme vous le voyez, la lettre est précise ; elle est datée
du 18 décembre et indique l'absolue lucidité d'esprit du
peintre. J'ai pu constater que Courbet ne se trompait que sur
un point : son pouls ne battait pas 80 mais 110 pulsations.

Permettez-moi ici un souvenir (1871).

Pendant qu'il était à Sainte-Pélagie, Courbet avait été trans-
porté à la maison Duval.

Il souffrait d'une forte douleur hémorrhoïdale.

Nélaton l'avait opéré.

« —Une fois guéri, me raconta Courbet, j'allai voir Nélaton.

« — Bonjour, M. Nélaton, lui dis-je, je viens vous payer.

« — Me payer, vous, M. Courbet, me dit-il, mais je suis trop heureux d'avoir pu soigner un grand peintre comme vous !

« J'avais pris avec moi 5,000 francs ; il ne les voulut pas.

« Je retournai chez moi.

« Nélaton n'y a pas perdu ; au contraire, car je lui ai fait une grande toile de 6,000 francs. »

Et Courbet mit dans ces derniers mots toute l'ampleur de sa voix.

Je me rendis donc à son désir.

J'arrivai à la Tour de Peilz le 22 décembre ; je le trouvai beaucoup plus mal que je ne le croyais et qu'il ne le croyait lui-même. Il était au lit. Il ne se levait que rarement. Quelquefois, quand la fatigue du lit était trop forte, on le portait sur un canapé, et il s'y étendait, très-accablé par son mal.

Son vieux docteur de Vevey lui avait fait l'avant-veille une ponction, la croyant urgente. Cette ponction avait déterminé 18 à 20 litres de liquide ; l'ouverture faite par le trocart s'était mal fermée ; l'écoulement avait continué à se produire. Courbet baignait littéralement dans le liquide ascitique, malgré un épongement presque continuel. Il me dit que le ventre avant l'opération mesurait 1^m,50.

Courbet avait subi antérieurement une première ponction de son ami, le docteur Blondon de Besançon, un des premiers praticiens de sa ville natale.

Je constatai qu'elle avait été faite à 5 centimètres au dessus de l'épine iliaque gauche.

J'examinai très-attentivement le malade. Je trouvai le foie

plus petit qu'à l'état normal. De plus, le visage avait une teinte plombée ; ses urines étaient rares et d'une couleur rouge foncée due à un excès d'urates ; je ne doutai plus que Courbet ne fût atteint d'une cirrhose du foie. Puis je tâtai le ventre, très-ramolli par suite de la seconde ponction, et touchai une grosseur considérable dans l'hypocondre gauche, m'indiquant un kyste de la rate.

Courbet me sembla perdu.

Je lui conseillai de vouloir bien m'adjoindre le docteur Péan, l'ami et le successeur de Nélaton ; Courbet s'y refusa.

Courbet avait une idée qui ne le quittait pas : c'était de prendre des bains dans le lac qu'il avait sous ses fenêtres.

— Ah ! me disait-il, si je pouvais m'étendre dans les eaux du lac, je serais sauvé.

Il y avait alors une mélancolie indéfinissable dans ses yeux. Il se tournait vers le coin du ciel qui se voyait à travers les carreaux des fenêtres et une songerie semblait l'occuper tout entier. Il en sortait pour me parler de son amour pour l'eau, pour le lac.

— Figurez-vous, mon cher docteur, me disait-il, que quand j'y suis, j'y resterais des heures, regardant le ciel au-dessus de moi, à faire la planche. Je suis comme un poisson dans l'eau.

Il éprouvait une grande joie et comme une détente de toute sa personne malade à prendre des bains. Deux hommes le portaient alors jusqu'à sa baignoire, et il y demeurait au point de s'affaiblir complétement. Il fallait employer la persuasion, parlementer longuement, pour le déterminer à sortir.

— Non, non, disait-il en regardant les personnes qui le soignaient, de cet œil très-doux qu'il avait pour ses amis, laissez-moi.

Et il demandait sans cesse qu'on lui épongeât le front à
l'eau froide, répétant toujours :

— Oh ! que je suis bien !

Ce qui avait aggravé sensiblement l'état du malade, c'était
le traitement dont il est parlé dans l'extrait de lettre rap-
porté plus haut.

Chaux-de-Fonds est un village perdu dans les hauteurs, où
il n'y a que de la neige et des horlogers. Il était parti pour
cette solitude, confiant dans la renommée d'un empirique italien qui guérissait, disait-on, les maladies du genre de la
sienne au moyen de bains et de drastiques.

Il resta là-bas un mois. Mme Ordinaire, la femme de l'ancien
député et préfet du Doubs pendant le siége, alla lui faire visite.
C'est elle qui lui conseilla de revenir.

Il avait maigri, sans toutefois rien perdre de son obésité, et
il n'avait gagné aux bains de transpiration que de perdre sa
force musculaire. Il était désespéré. Il revint à la Tour de
Peilz. C'est alors qu'il se laissa faire par les docteurs Blondon
et Farvagnie, la ponction dont il parle dans sa lettre.

Ceci se passait un mois et demi avant sa mort.

Je vous ai dit quel avait été le résultat de la dernière
ponction.

Courbet, cela est incontestable, avait aidé à son mal par des
absorptions effrénées de boisson. Sur la fin, il buvait encore
à peu près deux litres de liquide par jour et ne rendait qu'un
demi-litre dans ses urines (rouge-acajou indiquant bien la vraie
maladie). Mais antérieurement il lui arrivait de boire jusqu'à
douze litres par jour. C'était malheureusement de ce vin qui
fait tant de veuves dans le pays, et Courbet avait imaginé d'y
mêler du lait, suivant une coutume des paysans, ce qui lui

donna, deux jours après mon arrivée, une très-forte indigestion.

Les habitants de la Tour de Peilz se souviendront toujours de ce noctambule attardé dans les cafés et qui ne pouvait se décider à rentrer chez lui.

Ces mêmes habitants m'ont affirmé que Courbet cherchait à étouffer un chagrin. Je sais, mon cher ami, combien mes paroles doivent être mesurées, venant d'une des dernières personnes qu'ait vues le peintre, de celle qui était présente à ses derniers moments. Eh bien ! sur ma conscience, les habitants de la Tour de Peilz avaient raison.

Courbet était torturé par une pensée; c'est qu'on pût l'appeler communard. Il se prétendait calomnié par les journaux. La qualification de déboulonneur le mettait en rage. Il ne parlait jamais de politique et avait horreur qu'on en parlât devant lui. Peut-être une douleur plus vive s'ajoutait-elle à ce chagrin. Courbet avait eu le malheur de perdre un fils qu'il adorait et dans lequel il avait mis ses consolations.

Ce fils mourut à l'âge de vingt ans.

Il l'avait eu d'une femme qu'il avait connue au beau temps de l'amour et de la jeunesse — alors que tout lui souriait et que le bonheur éclairait le chemin devant lui.

C'est une histoire douloureuse et charmante. Une dame était venue poser pour son portrait dans l'atelier du jeune maître. Il avait alors vingt-huit ans. Bientôt l'amour se mit de la partie et un beau jour la dame tomba chez Courbet, le suppliant de la garder :

— J'ai quitté mon mari, lui dit-elle, et je veux être maintenant tout à toi.

Ils vécurent ensemble, et un enfant fut le gage de cette union. Le mari mort, Courbet, m'a-t-on dit, reconnut l'enfant.

Quoiqu'il en soit, ce garçon, ce fils, fut un des plus grands bonheurs de sa vie. Il l'aimait d'une tendresse sans bornes, et quand il le perdit, huit mois après avoir perdu la femme qui le lui avait donné, il se sentit frappé dans les profondeurs mêmes de son être.

Le jeune homme s'occupait de littérature; il avait publié quelques articles bien pensés.

Chose bizarre, il ne semble pas que Courbet ait jamais fait le portrait de ce fils bien aimé.

Je dis ce que je sais, pas autre chose, et je vous le dis, parce qu'il était bon d'expliquer cette passion de la boisson et du noctambulisme qui a été une des causes de la mort de ce pauvre homme de génie.

Je tiens l'histoire de M. Pata, qui fut l'élève et l'ami de Courbet et à qui ce dernier l'avait contée lui-même, dans une heure de nostalgie.

Courbet, vous le savez par les journaux, habitait à la Tour de Peilz, faubourg de Vevey, une assez vaste maison, appelée *Bon Port*.

Ce nom lui venait de son voisinage avec la partie du lac où les pêcheurs, chassés par le gros temps, cherchaient un refuge.

Bon Port était primitivement un café, et le jardin qui s'étendait le long des fenêtres du rez-de-chaussée était encore garni de ses tables.

La maison se composait d'un rez-de-chaussée de plusieurs pièces et d'un étage où Courbet avait installé son atelier et sa galerie de tableaux. La chambre à coucher était au rez-de-chaussée et communiquait par un escalier de quelques marches avec un petit corps de bâtiment, bâti contre la maison du côté du lac et où l'ami de Courbet, M. Morel, avait son atelier.

Peu de meubles. Le maître n'avait autour de lui que le strict nécessaire. La chambre à coucher était garnie d'un poêle en faïence blanche près duquel se trouvait un canapé, d'une console placée entre les fenêtres et d'un lit en fer. On mettait sécher les linges sur le poêle. Courbet n'en avait que très-peu, et celui qu'on lui enlevait lui servait aussitôt qu'il était sec. Détail assez triste, le lit n'avait qu'un seul matelas.

Un moulage en plâtre était posé au dessus du poêle. C'était le moulage d'une statue de la *Liberté* que Courbet avait faite pour la place de la Tour de Peilz. La statue est en bronze, d'un mouvement généralement très-admiré, et couronne une fontaine. Elle regarde la France et porte cette inscription : Hommage à l'hospitalité !

Courbet se croyait aussi grand sculpteur que grand peintre.

Il avait exécuté un médaillon d'un sentiment très-tendre et dont il m'a parlé plus d'une fois.

Ce médaillon renfermait une tête de femme, aux lignes délicates et pourtant fermement modelées, sur le front de laquelle se penchait une mouette, les ailes ouvertes et le cou abaissé dans l'attitude de la confidence.

— J'ai fait cela pour un de mes amis de Vevey, me dit-il. J'ai voulu faire la dame en contemplation et cette mouette est la mouette du lac. Elle vient lui communiquer ses pensées.

Courbet avait intitulé ce médaillon : *La Dame du lac.*

En réalité, cette figure était destinée à symboliser l'exil et la mouette qui se pose sur son front lui parle de la patrie absente.

Courbet aimait à montrer sa galerie. Elle renfermait cent cinquante tableaux environ et parmi ces tableaux il y en avait de fort beaux. J'ai noté surtout :

Un tableau représentant Courbet avec une expression désespérée et qu'il avait intitulé pour cette raison *Désespoir*. Cette peinture, faite en 1845, avait été exposée à Genève l'an dernier.

Un tableau représentant une *Anglaise aux cheveux d'or* se mirant dans un miroir. Rochefort avait voulu l'acheter, au prix de 5,000 francs, mais le peintre le lui avait refusé. Comme Rochefort insistait, Courbet avait décroché une adorable plage et la lui avait gracieusement offerte en lui disant :

— A-t-on vu ce Rochefort ! Il veut m'acheter tout ce que j'ai de bon. Emportez celle-là, et ne me parlez plus de m'acheter rien du tout.

Cette marine est dans le salon de Rochefort, à Genève, et il est heureux de la montrer aux personnes qui viennent le visiter.

Le Curé et le Moribond, dont on a beaucoup parlé.

Les Demoiselles de la Seine, s'embrassant sous les arbres, à Bougival.

Un *Portrait de Rochefort* d'un beau modelé, mais exagéré au point de vue de l'anatomie générale de la tête. C'est le portrait au sujet duquel Courbet s'écriait :

— Cet animal-là n'a qu'une belle chose : c'est sa mâchoire. Il a des dents de cheval !

Un *Portrait de son père*, de tous points et de l'avis de tous, admirable.

L'Espagnole à la mantille, portrait d'une grande finesse.

Le *Portrait du peintre et de sa maîtresse*. Il a 25 ans alors. Il s'est peint regardant sa bien-aimée tendrement et lui serrant la main.

Puis plusieurs *Baigneuses*.

Une copie, d'après la *Hille Bobbe* de Frans Hals.

Courbet aimait à raconter au sujet de cette copie, qu'ayant obtenu la permission de copier le tableau, il avait mis un jour dans le cadre de la *Hille Bobbe*, sa copie au lieu de l'original :

— Je l'y laissai plusieurs jours, terminait-il, et personne ne s'en aperçut.

Il y avait un assez grand nombre de paysages d'Ornans, du Doubs, et du Lac de Genève, entre autres un très-beau morceau, *Les Rochers d'Ornans*. Une vue du château Chillon n'avait pu être terminée ; elle avait été achetée pour le Musée de Besançon. Son magnifique tableau des *Saules dans la Vallée*, était à Paris, chez M. O' Douar.

Quant à ses grandes toiles, l'*Enterrement à Ornans* et le *Retour de la Conférence*, elles n'étaient pas chez lui, comme on l'a dit. Il les avait confiées à un ami qui les garde roulées.

Courbet était grand amateur de toiles anciennes, mais il ne m'a pas paru que ses connaissances fussent à la hauteur de sa passion et de son talent.

Il avait acheté à Genève, au prix de 8,000 fr., un tableau représentant une magicienne dansant au milieu d'un cercle et entourée de visions. Cela était peint sur panneau parqueté et avait 3 mètres de hauteur.

Courbet attribuait la peinture à Watteau. Il en voulait 200,000 francs.

Courbet n'a pas, que je sache, laissé de testament ; mais il existe un relevé exact des tableaux et des esquisses qui composaient sa galerie. Ce relevé a été dressé deux mois avant le décès du peintre, par un notaire de la Tour de Peilz, sur la demande de la sœur de Courbet, Mme Juliette, et de ses amis M. et

Mme Morel, qui avaient voulu ainsi calmer les inquiétudes de Courbet, très-amoureux de ses tableaux et craignant toujours qu'on ne vînt les lui enlever.

Il avait un fervent désir, dont il m'a fait part à moi-même : c'était de léguer à la ville de Paris ses principales toiles.

L'atelier de Courbet était des plus simples. Aucun ornement. De mauvais chevalets ; quelques tabourets pour s'asseoir.

Il peignait avec de la couleur achetée chez le droguiste, très-commune et peu coûteuse.

Cela était sur la cheminée dans des pots.

Il se moquait des peintres qui se ruinent en couleurs fines.

— C'est dans le doigt qu'est la finesse, disait-il.

Il était très-beau dans le feu de son métier ; sa main avait des élégances extraordinaires.

Il me raconta qu'un jour une dame était venue le trouver et lui avait demandé ce qu'il faisait pour peindre si bien.

— Je cherche mon ton, lui avait-il répondu ; c'est bien simple.

La dame avait demandé alors à travailler avec lui ; mais elle n'avait fait rien qui vaille ; et comme elle s'en étonnait :

— Madame, vous n'avez pas l'œil, avait-il répondu. Tout est dans l'œil. Quand j'ai mon ton, ma toile est faite.

Tous les habitants de l'endroit vous diront que Courbet était bon et généreux. Les exilés étaient chez lui comme chez eux. Nul ne frappait en vain à sa porte : il était bienveillant pour tout le monde. Courbet, assez économe de sa nature, ne regardait ni à l'argent, ni au temps, ni à sa peinture, quand il s'agissait d'aider. Il secourait toutes les infortunes. Il avait offert des tableaux pour les inondés de France, il y a deux ans, puis pour les grêlés de Genève et il envoyait de ses œuvres pour toutes les quêtes de bienfaisance.

J'ai su qu'il avait été souvent la dupe des gens qui se présentaient à lui. Il était naturellement confiant et ne savait résister au plaisir d'être loué.

Un jour, c'est un Italien qui lui offre à boire au café ; on boit des vins fins, et le moment venu de payer, l'Italien déclare qu'il a perdu son porte-monnaie et lui emprunte trois louis pour payer la dépense.

Une autre fois, une dame marseillaise vient à la Tour de Peilz pour le voir. On lui dit que le peintre est au café, et en effet, Courbet y était avec des amis et jouait aux dominos.

— Moûssu Courbet, lui dit-elle aussitôt, ze vois que vous êtes aussi bel homme que vous êtes grand peintre. Et vous zouez aux dominos, moussu Courbet ?

— Comme vous voyez, madame, et j'y suis même d'une belle force.

La dame finit par lui offrir de faire avec elle une partie, et elle proposa un enjeu de 300 fr. Comme Courbet se récriait, elle lui dit :

— Ze paierai, moussu Courbet, si ze perds, mais si vous perdez, ze ne veux pas d'argent, non pas d'argent, moussu Courbet, mais un petit zouvenir de vous, le portrait de mon petit chien que z'aime beaucoup et que voilà.

La dame avait sous le bras un bichon.

Courbet, de guerre lasse, accepta et perdit : la dame avait un compère.

Le lendemain, Courbet était à son atelier. On frappe. Il ouvre. C'était la dame avec son bichon.

— Ze viens, Moussu Courbet, ze suis pressée. Ze pars tout à l'heure et comme vous êtes avant tout un homme de grand honneur...

Courbet peignit le petit chien. La dame emporta la peinture toute fraîche et... l'alla vendre à Genève pour 800 francs.

C'est Courbet lui-même qui me conta cette histoire. Il racontait très-finement et y prenait plaisir. Il aimait les histoires gauloises. Son accent franc-comtois donnait du mordant à sa parole ; il imitait à s'y méprendre les patois français.

Il avait la voix forte, agréable à l'ouïe, le parler doux et sonore, la brièveté militaire par moments ; mais ce qu'il disait était toujours marqué d'une grande bonhomie. Il chantait avec sentiment ; deux mois avant sa mort il avait chanté un Noël avec sa sœur Juliette.

Courbet vivait sans domestiques à *Bon Port*, d'une vie presque rustique. Il était très-simple et plein de prévenances pour les personnes qu'il recevait ; une fois, il poussa la bonté jusqu'à cirer les bottes d'un ami qui logeait chez lui.

Heureusement, une providence veillait sur le peintre et jamais je n'ai vu de dévouement plus absolu. M. et Mme Morel, réfugiés, ont entouré l'exil de Courbet d'une tendresse vigilante comme celle d'un frère et d'une sœur. Des nuits entières, cette excellente femme est demeurée assise à son chevet, épiant ses moindres désirs, et M. Morel, de son côté, s'occupait de ses affaires, gérait sa petite fortune avec une complaisance rare. Courbet était très-sensible à leur bonté ; il était ému en parlant d'eux. Ces bonnes gens n'ont pas cessé un instant d'être ses fidèles et loyaux amis ; jusque par delà sa mort, ils l'ont aimé avec une tendresse dont on ne peut leur être trop reconnaissant.

Courbet aimait à parler de la nature, de ses paysages, de sa peinture. Il m'a souvent répété que son bonheur était de demeurer de longues heures en contemplation devant les montagnes du lac ou de suivre le vol des mouettes à perte de vue.

Il ne peignait plus depuis un mois. Sa main, souple et fine, était demeurée belle. Comme toutes les mains des grands peintres, elle aurait dû être moulée. On garderait ainsi quelque chose de leur génie, car la main est pour eux l'instrument direct de leur cerveau.

Courbet a peint plusieurs fois, sur la fin de sa vie, la *Tour de Peilz*. Les Anglais amateurs lui commandaient aussi des vues du château Chillon, ce manoir féodal, dernier vestige de la puissance des ducs de Savoie.

Courbet travaillait très-vite, sa vieille pipe toujours à la bouche. Il mettait trois ou quatre heures au plus à ce qu'il appelait ses « morceaux de peinture. » Il demeurait d'abord comme embarrassé, cherchait le ton sur sa palette, et, le ton trouvé, il l'étendait au couteau et terminait rapidement son travail. Il maniait si extraordinairement son couteau préparé par lui-même, que je l'ai vu une fois exécuter à la pointe de la lame la silhouette tenue d'un paratonnerre.

Courbet a laissé peu d'élèves ; mais je dois cependant citer parmi les plus distingués MM. Cherubin - Pata, Marcel Ordinaire et Slom. Sa peinture était peu goûtée à Genève. Cela se comprend quand, comme moi, on a vu le musée de cette ville encombré de Calame que les Génevois admirent très-fort pour leur fini.

J'ai perdu un peu de vue, à travers toutes ces notes, l'état de la maladie du grand peintre. J'y reviens, mais pour constater l'irrémédiable approche de la mort. En effet, Courbet n'était plus qu'un corps dont les forces se retiraient chaque jour. L'œil était devenu hagard et la parole chancelante ; il fallait lui répéter les paroles prononcées devant lui, et dès le 28 un hoquet l'avait pris, revenant de moment en moment. Un réfugié comme lui, M. Edgar Monteil, homme de lettres, qui lui était fort dévoué, venait le voir chaque jour.

Rochefort aussi était de ses amis. Il s'était même mis en route pour lui faire visite, mais un train manqué mit un retard dans son arrivée, et quand il débarqua à *Bon Port*, Courbet n'était plus.

Voyant ses forces diminuer d'heure en heure, je crus devoir prévenir immédiatement les parents.

Le père arriva le surlendemain. C'était un vieillard de 82 ans, d'une constitution robuste et d'un tempérament sanguin et énergique comme le fils auquel il avait donné le jour.

Il trouva l'artiste assis et très-faible.

— Tiens ! Gustave, dit-il, je t'apporte un petit cadeau. C'est une lanterne sourde de chez nous.

Et il y adjoignit une livre de tabac français.

Cela fit sourire Courbet.

Son père demeura auprès de lui et la journée s'acheva assez bien. Mais il me fit appeler à l'entrée de la nuit. Courbet avait déjà le facies hippocratique : le docteur Farvagnie qui venait le voir tous les jours, l'avait remarqué comme moi. Il m'expliqua qu'il avait ressenti un déchirement dans le flanc gauche, avec douleur atroce dans le bas-ventre : c'était probablement une déchirure du kyste de la rate que j'avais constaté.

Il me dit alors ce mot malheureusement trop juste :

— Je pense que je ne passerai pas la nuit.

Et il répéta le propos à l'homme de garde qui veillait près de lui.

Je lui posai des cataplasmes laudanisés, mais cela ne fut pas suffisant pour le calmer.

Il me supplia de lui faire une injection sous-cutanée dans la partie douloureuse.

Il avait en ce moment l'œil caverneux, la bouche sèche et fuligineuse. Le hoquet continuait.

Une demi-heure environ après l'injection de morphine, il s'endormit.

Il était alors 8 heures du soir environ.

Courbet se réveilla vers 10 heures et demeura quelque temps dans une sorte de somnolence. Il dit quelques mots, puis perdit connaissance.

L'agonie commença vers les 5 heures du matin et dura un peu plus d'une heure.

Courbet mourut à 6 h. 30.

Ce fut une grande douleur dans la maison. C'était pour la France un grand peintre de moins. Pour ceux qui l'avaient aimé, c'était un cœur excellent, une nature affectueuse et bonhomme que la mort venait de leur enlever.

Je tâchai d'obtenir qu'on moulât le visage.

— Ce n'est pas la peine, me répondit le vieux père. Il y a assez de ses portraits à la maison.

Je n'oublierai jamais ce brave homme, répétant, au milieu de sa douleur, qu'il avait un moulin près d'Ornans et que Gustave devait être enterré dans le moulin.

— Il sera là près de moi, disait-il.

Ce vœu touchant n'a pu être réalisé. Courbet repose à la *Tour de Peilz*, dans ce lieu de son exil.

Voilà, mon cher ami, des faits précis qui peut-être pourront vous servir. Un désir du grand peintre qui n'est plus

m'a fait devenir le témoin de quelques particularités qui le
concernent. Je vous les ai racontées telles que je les ai vues.
Puis la mort est venue et, bien qu'éloigné, j'ai pensé à la
France, que je représentais, sans l'avoir voulu, à ce chevet de
moribond, et qui perdait en Courbet une de ses plus grandes
illustrations.

Bien à vous,

Dr PAUL COLLIN.